Wer bin ich?

Ich bin 40 Jahre alt und lebe mit meiner Familie in der Nähe von Mainz. Nach meinem Englisch- und Politikwissenschaft-Studium habe ich mein Referendariat gemacht und bin seitdem Lehrer an einem Gymnasium in der Nähe von Mainz.

2010 haben meine Frau und ich uns ein Eigenheim gekauft und ich kam zum ersten Mal mit dem Thema Immobilienkauf hautnah in Berührung. Gedanklich hatte ich mich hiermit schon länger beschäftigt, spätestens seitdem ich das erste Mal das Buch "Rich Dad Poor Dad" von Robert Kiyosaki gelesen hatte. Kurz nach unserem Hauskauf kauften wir unsere erste Eigentumswohnung, ein Studentenapartment mit 19 qm Größe. Seitdem haben meine Frau und ich noch in einige weitere Eigentumswohnungen investiert, immer mit dem Ziel, einen passiven Cashflow aufzubauen. Was das genau bedeutet und wie das funktioniert, dazu später mehr.

Acht Jahre und einige Eigentumswohnungen später beginne ich heute, meine beiden Passionen zusammenzuführen: Lehren und in Immobilien investieren.

Meine Mission ist es, mein Wissen mit anderen Menschen zu teilen und Menschen zu helfen, erfolgreich und mit Strategie in Immobilien zu investieren, da ich davon überzeugt bin, dass Immobilien als Anlageklasse unschlagbar sind.

CHAPTER EINS
Grundlegendes zum Investieren

Vorwort

Wir schreiben das Jahr 2018, die Zinsen sind seit einer gefühlten Ewigkeit im absoluten Keller der EZB. Auf Tagesgeldkonten, Anleihen des Bundes oder ähnlich sichere Anlagen gibt es keine Zinsen mehr und Sparer sind die Verlierer, denn sie schauen zu, wie langsam aber sicher ihr Erspartes von der Inflation (1,8% in 2017) aufgefressen wird.[1] Der DAX hat am 23. Januar 2018 ein Allzeithoch von über 13.500 Punkten erreicht und der zögerliche und sicherheitsorientierte Investor fragt sich, ob ein Investment in Aktien in dieser absoluten Hochphase noch lohnt oder ob er sein sauer verdientes Erspartes damit kurz vor dem nächsten Börsencrash einem unnötigen Risiko aussetzt. Wagemutige Investoren riskieren ihr Geld in Kryptowährungen, eine möglicherweise renditeträchtige, sicherlich aber hochriskante Anlage.

Meine Frau und ich investieren mit großem Erfolg und voller Begeisterung seit 2010 in Immobilien. Allein im letzten Jahr haben wir sechs neue Immobilien erworben und erfreuen uns unseres passiven Einkommens, das jede unserer Immobilien abwirft.

Wenn Sie auch schon mal über ein Investment in Immobilien nachgedacht haben, dann lesen Sie weiter und lassen Sie sich vom Immobilienfieber anstecken. Doch seien Sie gewarnt: nichts im Leben ist ohne Risiko, vor allem für den, der nicht genau weiß, was er tut. Wer sich jedoch die Zeit nimmt, in seine/ihre Bildung investiert und damit zum Immobilieninvestor wird, der weiß was er tut, dem winken auch (oder gerade) in der jetzigen Zeit ordentliche Renditen bei einem überschaubaren Risiko.

Doch auch dem passiven Investor, der keine Zeit zur Schnäppchensuche, Renditeberechnung einer Eigentumswohnung oder zur Suche von attraktiven

---

[1] https://de.statista.com/statistik/daten/studie/1046/umfrage/inflationsrate-veraenderung-des-verbraucherpreisindexes-zum-vorjahr/

Wohnbauprojekten hat, soll am Ende eine bequeme Möglichkeit zum Investieren in Immobilien aufgezeigt werden.

Was erwartet den Leser also in diesem eBook?

Dem interessierten Einsteiger in die Welt der Immobilien erkläre ich die grundlegenden Mechanismen eines Investments in Immobilien. Dabei werde ich Ihnen sieben Gründe präsentieren, warum Immobilien jede andere Anlage schlagen können. Wer danach vom Immobilienfieber gepackt ist, dem präsentiere ich drei Wege in Immobilien zu investieren.

Genug der Vorworte, los geht's:

Warum überhaupt investieren?

Wenn es um Investments und Altersvorsorge geht, dann gibt es zwei Philosophien, die "Pile of money - Philosophie" und die "Cashflow - Philosophie".

Die erste Philosophie beruht auf der Idee möglichst viel Geld anzuhäufen ("pile of money") um dann im Rentenalter einen Haufen Geld auf der Seite zu haben, von dem man sich einen schönen Lebensabend machen kann, oder doch wenigstens um die eigene Rente oder Pension aufzubessern. Die meisten Menschen folgen dieser Philosophie, wenn sie in Rentenversicherungen, Kapitallebensversicherungen, Sparpläne, Fonds oder ähnliches investieren. Entscheidend bei dieser Philosophie ist zu wissen, wie viel Geld man bis zum Renteneintrittsalter angespart haben muss. Diese magische Zahl ist nicht immer einfach zu berechnen, da nicht ganz klar ist, für wie viele Jahre das Geld ausreichen soll.

An dieser Stelle eine vereinfachte Beispielrechnung mit Kapitalverzehr. Um 1.000€ zusätzlich monatlich für eine Dauer von 25 Jahren zur Verfügung zu haben, sind 1.000€ x 12 Monate x 25 Jahre = 300.000€ nötig. Hierbei werden Inflation und Steuer außer Acht gelassen, trotzdem haben die 1.000€ von Jahr 1 nach 25 Jahren nur noch eine Kaufkraft von ca. 610€ (bei einer angenommenen Inflation von 2% p.a.). Andererseits sollte der Geldhaufen natürlich auch noch ein bisschen Rendite abwerfen und nicht einfach nur zu 0% sicher im Tresor oder unter dem Kopfkissen liegen.

Ein zweiter Ansatz in der "Pile of money - Philosophie" kommt ohne Kapitalverzehr aus, sondern man geht hier davon aus, dass allein die Rendite ausreicht, um z.B. 1000€ monatlich auszuschütten. Gehen wir wieder von 1.000€ Zusatzeinkommen monatlich aus und 5% Renditeerwartung, dann ergibt sich folgende Rechnung:1.000€ x 12 Monate / 5% = 240.000€. Das bedeutet für Sie folgendes: Wenn Sie 240.000€ zu 5% anlegen, dann ergeben sich jährlich 12.000€

und damit monatlich 1.000€ Erträge. Auch hier sind weder Inflation noch Steuer berücksichtigt.

    Die "Cashflow - Philosophie" wartet nicht auf das Rentenalter, sondern erwartet von einem Investment sofort einen monatlichen Geldfluss (und zwar ohne Kapitalverzehr). Also stellen Sie sich vor, Sie könnten heute 4.000€ investieren und bekämen ab sofort monatlich 50€ an Cashflow. Wäre das ein gutes Investment? Vermutlich ja, immerhin verbirgt sich hier eine (Eigenkapital)Rendite von 15%.
    Rechnung: (50€x12)/4.000€=0,15=15%. In anderen Worten: nach sechs Jahren und acht Monaten haben Sie Ihre 4.000€ Kapitaleinsatz zurück und ab dann fließen möglichst ohne Ende weitere Kapitalerträge.
    15% Rendite? Das ist doch unmöglich, oder? Bei den 5% vorhin haben Sie sich vielleicht schon gefragt, wie das denn klappen soll und nun 15% Rendite pro Jahr??? Mit Immobilien ist diese Rendite ohne weiteres möglich, wie das genau funktioniert, zeige ich Ihnen im nächsten Kapitel.

CHAPTER ZWEI

7 Gründe für Immobilien

Grund Nr. 1: Cashflow

Das Schönste und Wichtigste zuerst!

Ich kaufe nur Immobilien, die positiven Cashflow generieren. Es dauert eine Weile, diese Immobilien zu finden und sie sind nicht immer leicht zu finden, ABER: der Aufwand lohnt sich!

Wann liefert eine Immobilie positiven Cashflow?
Wenn die Immobilie monatlich mehr Erträge liefert (bei Wohnimmobilien in Form von Miete und evtl. Stellplatz- oder Garagenmiete), als es kostet, diese Immobilie zu finanzieren und zu unterhalten. Um den monatlichen Cashflow einer Immobilie zu berechnen, ziehe ich folgende Kosten von der Nettokaltmiete ab: Zinsen, nicht umlegbare Kosten wie z.B. Verwaltungs- und Reparaturkosten, (ca. 20-25% der Bewirtschaftungskosten), Instandhaltungsrücklage, Mietausfallrücklage. Die Tilgung ziehe ich hier nicht als Kosten ab, schließlich bedeutet Tilgung lediglich eine Vermögensverschiebung. Oder mit anderen Worten: **der Mieter zahlt Ihr Darlehen ab.**

Lassen Sie mich dies mit ein paar Zahlen verdeutlichen:

Kaltmiete:	+ 288,-€
Zinsen:	- 58,-€
Nicht umlegbare Kosten:	- 36,-€
Reparaturrücklage:	- 40,-€
Cashflow vor Tilgung/Steuern :	154,-€
Tilgung:	- 25,-€
Cashflow vor Steuern:	129,-€
Steuern (35%)	- 54,-€
Cashflow nach Tilgung/Steuern:	75,-€

Nicht schlecht, oder? Es handelt sich bei der hier vorgestellten Immobilie um ein Ein-Zimmer-Apartment außerhalb von Mainz.

Die Höhe des monatlichen positiven Cashflows, den Immobilien liefern können, ist um ein Vielfaches größer als bei anderen Investments. Das liegt am Hebeleffekt, der durch die Finanzierung mit Fremdkapital möglich wird. Und selbst ohne den Hebeleffekt liefert kein ETF, Aktienfonds, Edelmetall oder Wertpapier einen vergleichbar regelmäßigen und sicheren Strom an Cashflow.

Nach Robert Kiyosaki macht Cashflow den Unterschied zwischen einem Vermögenswert und einer Verbindlichkeit aus. Ein Vermögenswert bringt Ihnen jeden Monat Geld ein (positiver Cashflow), eine Verbindlichkeit zieht Ihnen jeden Monat Geld aus der Tasche (negativer Cashflow).

Vermögensaufbau mithilfe von Immobilien bedeutet also: Vermögenswerte mit positivem Cashflow kaufen, statt sein Geld für Verbindlichkeiten auszugeben.

Grund Nr. 2: Kontrolle über mein Investment

Ein großer Vorteil, den Immobilien-Investments gegenüber anderen Geldanlagen haben, ist die Kontrolle, die der Immobilieninvestor über sein Investment hat.

Wenn ich mein Geld in Aktien, Aktienfonds, ETFs, Staatsanleihen oder andere Wertpapiere investiere, dann gebe ich jegliche Kontrolle über mein Geld ab. Ich werde in keine operativen Entscheidungen der Firmen, Fondsgesellschaften oder Staaten eingebunden, in die ich investiere.

Ich bin als Investor komplett vom jeweiligen Management abhängig und die einzige Entscheidung, die ich treffen kann, ist KAUFEN oder VERKAUFEN.

Bei Immobilien ist das anders. Ich kaufe einen Sachwert und kann das Management meines Sachwertes aktiv beeinflussen. Auch hier wirken externe Markteinflüsse auf mein Investment, doch der Unterschied ist, dass ich aktiv Managemententscheidungen treffen kann, um meine Immobilie den neuen Marktbedingungen anzupassen.

So kann ich als Vermieter z.B. die Miete meiner Immobilie den aktuellen Marktbedingungen anpassen. Oder durch Renovierungen oder Sanierungen der Immobilie können Erwartungen der Kunden (Mieter) besser erfüllt und die Nachfrage dadurch erhöht werden.

Wer also aktiv investieren möchte, um passives Einkommen zu generieren, für den gibt es kein besseres Investment als Immobilien.

Wie haben meine Frau und ich die Kontrolle über unser Beispiel-Investment genutzt?

Erstens haben wir unserem Mieter gleich nach Erwerb der Einzimmer-Wohnung einen dringenden Wunsch erfüllt und die Wohnung mit einer neuen, modernen und heizkostensparenden Fenster/Balkontür-Einheit ausgestattet. Schon bei der ersten Wohnungsbesichtigung berichtete uns der Mieter der Wohnung von unangenehmen Wintermonaten und

Eisblumen, die sich morgens an seinem Fenster abzeichneten. Und tatsächlich war die Erneuerung des Fensters und der Balkontür dringend notwendig. Für 2.330€ erhielt die Wohnung eine Aufwertung und der Mieter wieder warme Füße. Die Modernisierung nutzten wir natürlich auch zu einer Modernisierungs-Mieterhöhung.[2]

Als zweite Maßnahme haben wir nach einer Weile mit dem Mieter eine Vereinbarung getroffen und die Miete an den Mietspiegel angepasst.

Dies sind nur zwei exemplarische Maßnahmen, mit denen wir Kontrolle über unser Investment ausüben, den Cashflow steigern und damit den Wert unserer Immobilie heben.

---

[2] Laut §559 BGB kann der Vermieter die jährliche Miete um 11 Prozent der für die Wohnung aufgewendeten Kosten erhöhen. Kosten, die für Erhaltungsmaßnahmen erforderlich gewesen wären, gehören nicht zu den aufgewendeten Kosten.

Grund Nr. 3: Wertsteigerung

Die Preise für Eigentumswohnungen sind von 2010 bis 2017 um 38,5% gestiegen[3], von 2010 bis 2016 sind die Hauspreise um 26,3% angestiegen[4] - und das jeweils im bundesdeutschen Durchschnitt. Warum ich das so betone, dass es sich hier lediglich um den bundesdeutschen Schnitt handelt?

Auch wenn die Wertsteigerung beachtlich ist, für Eigentumswohnungen um mehr als ein Drittel in sieben Jahren und für Häuser um mehr als ein Viertel in sechs Jahren, so ist das ja nur der Durchschnittswert aller Eigentumswohnungen und Häuser in Deutschland.

Spitzenreiter in der Wertentwicklung ist momentan München, hier kostete der Quadratmeter Wohnraum in einer Eigentumswohnung im Jahr 2010 durchschnittlich noch 4.619€, waren es 2016 dann schon 7.062€ (ein Plus von satten 53% in 6 Jahren).[5] In Duisburg hingegen wurde von 2010 bis 2015 nur ein mickriger Preisanstieg von 7,8% verzeichnet.[6]

Wer seine Hausaufgaben macht, der identifiziert leicht die Regionen und Städte, in denen die Wertsteigerung auch in Zukunft über dem Bundesdurchschnitt liegen wird. Faktoren,

---

[3] https://de.statista.com/statistik/daten/studie/156215/umfrage/immobilienpreisindex-fuer-eigentumswohnungen/

[4] https://de.statista.com/statistik/daten/studie/70265/umfrage/haeuserpreisindex-in-deutschland-seit-2000/

[5] https://de.statista.com/statistik/daten/studie/6654/umfrage/immobilienpreise-fuer-eigentumswohnungen-in-deutschen-staedten-2008/

[6] https://de.statista.com/statistik/daten/studie/348073/umfrage/deutsche-grossstaedte-mit-den-geringsten-wohnungspreisanstiegen/

nach denen Sie hier Ausschau halten sollten sind positiver Nettozuzug, gute Entwicklung der Arbeitsplätze, attraktive Arbeitgeber und Berücksichtigung von Trends (z.B. Schwarmstädte).

Wenn ich Immobilien kaufe, die einen positiven Cashflow haben, dann ist die Wertsteigerung der Immobilie nur das Tüpfelchen auf dem i. Cashflow zusammen mit Wertsteigerung ist jedoch ein gigantischer Turbo für unser Investment.

Schauen wir uns noch einmal das Einzimmer-Apartment außerhalb von Mainz an, das meine Frau und ich im Sommer 2012 für einen Preis von 25.000€ gekauft haben. Die Preise für Eigentumswohnungen sind seit 2012 in dieser Gemeinde zwischen 6% und 8% p.a. gestiegen. Gehen wir einmal davon aus, dass sich auch unser kleines Apartment so entwickelt hat, wie der Durchschnitt der Eigentumswohnungen in derselben Gemeinde. Und gehen wir einmal ganz konservativ von nur 5% Wertsteigerung pro Jahr aus. Dann ergeben sich die folgenden Zahlen:

Wert 2012: 25.000€
Wert 2013: 26.250€
Wert 2014: 27.562€
Wert 2015: 28.940€
Wert 2016: 30.388€
Wert 2017: 31.907€
Wert 2018: 33.502€

Das macht satte 34% Wertsteigerung innerhalb von sechs Jahren - nicht schlecht, oder?

Wer das schon gut findet, der sollte nun auf jeden Fall direkt weiterlesen, was der Hebeleffekt aus diesen 34% innerhalb von sechs Jahren macht!

Grund Nr. 4: Hebeleffekt und Fremdkapital

Der Hebeleffekt ist mein Lieblingsgrund, Immobilien zu favorisieren. Und sollten Sie bisher noch denken, dass Wertpapiere oder Edelmetalle doch viel bessere Renditen abwerfen, so werden Sie nach diesem Teil Ihre Meinung überdenken (müssen).

Falls Ihnen der Begriff Hebeleffekt nichts sagt, so haben Sie doch sicherlich schon einmal von Fremdkapital gehört. Was steckt dahinter?

Anders als bei vielen anderen Investments, können Sie sich beim Immobilienkauf von der Bank einen Großteil der Investitionssumme leihen. Es ist möglich, sich von der Bank 60%, 80% des Kaufpreises zu leihen, manchmal aber auch 90% oder 100%.

Warum machen Banken so etwas?

Weil sie die Immobilieals Sicherheit erhalten und auf diese zugreifen können, falls Sie den Kredit nicht mehr bedienen können. Versuchen Sie doch einmal, Ihre Bank bei einem Aktienkauf davon zu überzeugen, Ihnen 80% der Investitionssumme zu leihen. Viel Glück!

Wie wirkt sich der Hebeleffekt aus?

Nehmen wir einmal an, wir haben 20.000€ investiert und 80.000€ von der Bank geliehen (Kaufnebenkosten ignorieren wir hier der Einfachheit halber) und davon eine 100.000€ teure Immobilie gekauft. Die Immobilie erfährt nun im ersten Jahr eine Wertsteigerung von 5%.

Kaufpreis Immobilie im Jahr 0:   100.000€
Wert nach 1 Jahr: 105.000€

Die Immobilie ist nach 1 Jahr also 105.000€ wert. Das mag die Aktienbesitzer unter Ihnen nicht weiter beeindrucken, schließlich hat der DAX 30 im Jahr 2017 rund 13% an Wert zugelegt. Die Immobilienentwicklung sieht hier also eher mickrig aus.

Doch nun kommt die Magie des Hebeleffekts!
Wir haben nur 20.000€ Eigenkapital eingesetzt, die restlichen 80% haben wir uns ja geliehen. Nun beträgt die Eigenkapitalrendite (bezogen auf die Wertsteigerung):

5.000€/20.000€ = 0,25 = 25%

Wir haben ein Fünftel Eigenkapital in unserem Investment und haben nun einen Hebel mit dem Faktor 5. So werden aus 5% Wertsteigerung 25% Steigerung bezogen auf das eingesetzte Eigenkapital.
Wenn wir jetzt noch den monatlichen Cashflow (Grund Nr.1) mit einberechnen, dann sehen Sie, dass uns keine andere Wertanlage einen solchen Hebeleffekt bietet und unsere Eigenkapitalrendite damit durch die Decke schießen lässt.

Jetzt fragen Sie sich sicherlich, wie hoch der Hebel bei meiner eigenen Immobilie ist. Zur Erinnerung hier noch einmal die wichtigsten Eckpunkte:
- Einzimmer-Apartment ca. 29qm
- außerhalb von Mainz gelegen
- gekauft in 2012
- Kaufpreis 25.000€
- Monatlicher Cashflow nach Steuern und Tilgung: 75,-€
- Wert nach sechs Jahren: 33.500€

Die Immobilie haben wir mit Makler gekauft, es sind also die folgenden Kaufnebenkosten angefallen:

Maklerprovosion 5,95% des Kaufpreises =	1.488,- €
Notar und Grundbuchkosten ca. 1,5% =	375,- €
Grunderwerbsteuer 5,5% =	1.375,- €
Renovierungskosten =	2.330,- €
Summe der Nebenkosten =	5.568,- €

Insgesamt mussten wir also Kaufpreis plus Nebenkosten = 30.568€ zahlen. Die Bank hat den kompletten Kaufpreis (25.000€) finanziert, während wir die Kaufnebenkosten (5.568€) aus eigener Tasche bezahlt haben.

Unser Hebel (Gesamtkosten/Eigenkapital):
30.568€/5.568€ = 5,5

Seit dem Kauf im Jahr 2012 hat die Immobilie eine Wertsteigerung von 34% erfahren oder in Zahlen 25.000€ Kaufpreis in 2012, geschätzter Wert in 2018 33.500€. Dies entspricht einer Wertsteigerung von 8.500€ in sechs Jahren. Eingesetzt haben wir allerdings nur 5.568€ Eigenkapital. Dies entspricht 153% Ertrag (Eigenkapitalrendite bezogen auf die Wertsteigerung der Immobilie in den ersten sechs Jahren).

Bei dieser Berechnung berücksichtige ich lediglich die Wertsteigerung im Bezug zum Eigenkapital. Monatlicher Cashflow und Steuervorteile werden hierbei noch nicht mitberücksichtigt.

Grund Nr. 5: Abschreibung

Das Finanzamt geht davon aus, dass jede Immobilie über ihren Lebenszyklus an Wert verliert, da sich das Gebäude mit der Zeit abnutzt und jedes Jahr ein bisschen an Wert verliert und am Ende der Nutzungsdauer wertlos ist. Diesen Wertverlust (Absetzung für Abnutzung – kurz AfA) kann ich als Immobilieninvestor als Kosten geltend machen und damit meine zu versteuernden Einnahmen senken, auch wenn die Immobilie gar nicht an Wert verlieren sollte, sondern sogar an Wert gewinnt.

Wie berechnet sich diese AfA?

(Anschaffungs- und Herstellungskosten minus Wert Grund und Boden) geteilt durch Nutzungsdauer in Jahren = Absetzung pro Jahr

An der obigen Formel sehen wir, dass nur die Gebäudekosten absetzbar sind, während Grund und Boden sich nicht abnutzen.

Der Fiskus geht bei Häusern, die ab 1925 gebaut wurden von einer Nutzungsdauer von 50 Jahren aus (entsprechend 2% Abschreibung pro Jahr). Vor 1925 erbauten Häusern wird eine Nutzungsdauer von 40 Jahren unterstellt (2,5% Abschreibung pro Jahr). Für Gebäude, die unter Denkmalschutz stehen, gewährt der Gesetzgeber besonders hohe Steuervorteile. Für privat genutzte Immobilien gibt es keine Möglichkeit, Abnutzungskosten geltend zu machen!

Was zählt alles zu den Anschaffungs- bzw. Herstellungskosten?

Neben dem Kaufpreis zählen zu den absetzbaren Anschaffungs- und Herstellungskosten auch bestimmte Kaufnebenkosten wie Grunderwerbsteuer, Notarkosten, Maklerkosten oder bei Neubauten auch das Architektenhonorar. Ausnahme: Die Kosten für die Eintragung der Grundschuld ins Grundbuch sind sofort absetzbare Werbungskosten.

Schauen wir uns wieder unsere Einzimmer-Wohnung außerhalb von Mainz an:

Anschaffungskosten:

Kaufpreis:	25.000€
Grunderwerbsteuer:	1.375€
Maklerkosten:	1.488€
Notarkosten:	375€
Sonstige Kosten:	162€
	28.400€

Das Finanzamt hat nun den Grund- und Boden-Anteil (13,6%) auf 3.862,40€ und den Gebäudeanteil (86,4%) auf 24.537,60€ festgelegt.[7]

Die Abschreibung für unsere Beispiel-Immobilie beträgt demnach 24.537,60€ x 2% = 490,75€ p.a. oder 40,90€ monatlich.

Während die Immobilie also in den letzten sechs Jahren rund 8.500€ oder 34% an Wert gewonnen hat, konnten wir in sechs Jahren bei der Steuererklärung 6 x 490,75€ = 2.944,50€ als Kosten unseren Einnahmen gegenrechnen und damit die Steuerlast senken. Wenn wir einmal von einem durchschnittlichen Steuersatz von 35% ausgehen, ergaben sich in den letzten sechs Jahren 2.944,50€€ x 35% = 1.030,58€ Steuerersparnis.

Ich bin kein Steuerberater und berichte lediglich von meinen Erfahrungen als Immobilieninvestor. Dieser Artikel ersetzt also keine Beratung durch einen Steuerberater.

---

[7] Wie diese Aufteilung genau berechnet wird soll hier an dieser Stelle nicht weiter Thema sein.

Grund Nr. 6: Betongold vs. Inflation

Die Inflation ist der Freund des Immobilieninvestors. Warum das so ist, dazu mehr im folgenden Abschnitt.

Inflation (lat. Inflare = aufblähen) bedeutet ein Aufblähen der Geldmenge und entsteht u.a. dadurch, dass die Zentralbanken weltweit und auch die Europäische Zentralbank durch einen extrem niedrigen Leitzins (0,00% seit 10. März 2016)[8] und eine geringe Mindestreserve (1%) es den Geschäftsbanken erlauben, riesige Mengen Geld zu schöpfen. Was bedeuten der Leitzins von 0% und die Mindestreserve von 1%?

Wenn eine Geschäftsbank einen Kredit von 100.000€ herausgeben möchte, so leiht sie sich dieses Geld von der EZB für 0%. Als Sicherheit für den Kredit muss sie 1% als Einlage bei der EZB hinterlegen, in diesem Fall also 1.000€. So kreiert die Geschäftsbank aus 1.000€ einen Kredit von 100.000€ z.B. für einen Immobilienkredit. Ein schönes Geschäft für die Bank, nicht wahr?

Durch den oben beschriebenen Prozess der Geldschöpfung vergrößert sich die sogenannte Geldmenge M3. Dies ist die Menge aller Bargelder, Sichteinlagen, Termin- und Spareinlagen und aller Geldmarktfonds, Schuldverschreibungen und Geldmarktpapiere addiert. Im Januar 2000 betrug die Geldmenge M3 im Euro-Raum 4,7 Billionen Euro, bis Dezember 2017 ist sie auf 11,87 Billionen Euro angewachsen. Dies illustriert recht anschaulich, wie die Geldmenge in den letzten 17 Jahren aufgebläht wurde.

Offiziell betrug 2017 die Inflationsrate 1,7%, d.h. die Verbraucherpreise sind im Jahr 2017 im Schnitt um 1,7% gestiegen. Man könnte auch sagen, dass alles um 1,7% teurer geworden ist. Das stimmt so natürlich nicht, über die Preissteigerungen bei Immobilien haben wir ja schon gesprochen. Manche Güter steigen stärker im Preis als andere, die offizielle Inflationsrate ist nur die anhand eines fiktiven Einkaufskorbs berechnete Preissteigerung. Ihre persönliche

---

[8] Stand Februar 2018

Inflationsrate können Sie im Internet durch Inflationsrechner berechnen lassen[9].

Wieso ist nun aber die Inflation der Freund des Immobilieninvestors? Hier kommt uns die Tatsache zugute, dass Immobilien Sachwerte darstellen. Anders als Geldwerte, die beständig an Wert verlieren (d.h. schon im nächsten Jahr kann ich für einen Euro weniger Waren und Dienstleistungen erwerben als in diesem Jahr), steigen Sachwerte meistens im Preis an. Bei einer Inflation von 2% p.a. können wir also recht sicher davon ausgehen, dass unsere Immobilie auch mindestens um 2% p.a. im Wert steigt[10]. Die Inflation sorgt für einen Teil der Wertsteigerung unserer Immobilie. Dem Sachwert der Immobilie steht ein negativer Geldwert in Form eines Kredits gegenüber.

Gleichzeitig haben wir auch einen Immobilienkredit laufen. Dieser Kredit verliert beständig an Wert. So gibt uns die Bank z.B. 100.000€ zum Kauf einer Immobilie, in 10 Jahren haben diese 100.000€ (bei 2% jährlicher Inflation) aber nur noch eine Kaufkraft von ca. 82.000 Euro. Oder anders ausgedrückt müssen 10 Jahre später fast 122.000 Euro aufgebracht werden, um dieselbe Kaufkraft zu haben. Als Immobilienbesitzer merken wir diesen Effekt in der gestiegenen Miete. Die Inflation lässt unsere Miete steigen, während der Kreditbetrag immer mehr an Wert verliert, es fällt uns also zunehmend leichter, die nötige Zahlung an die Bank zu leisten.

Als extremes Beispiel lässt sich dies in Zeiten der Hyperinflation beobachten. Als in Deutschland im Dezember 1923 eine Unze Feingold plötzlich 86,81 Billionen Reichsmark kostete,[11] konnten die Immobilienbesitzer sicher

---

[9] Z.B. hier: https://www.inflation-deflation.de/news/personliche-inflationsrate-berechnen.html
[10] Vorausgesetzt, dass wir in einer Region mit stetiger Nachfrage nach Wohnraum gekauft haben. Und davon ausgehend, dass unsere Immobilie nachgefragt wird, da Mieter gerne in ihr wohnen möchten.

sein, dass ihre Sachanlage entsprechend der Inflation im Preis stieg, während Geldwerte in immer größeren Schritten entwertet wurden. Tierisch freuen konnten sich die Immobilienbesitzer, die ihre Immobilie mit einem Kredit finanziert hatten. Der Kredit war plötzlich nur noch so hoch wie der Preis eines Brotes, der Preis der Immobilie war hingegen explodiert.

Falls Sie also davon ausgehen, dass wir in den nächsten Jahren und Jahrzehnten weiterhin in einem inflationären Umfeld leben werden, dann werden Sie als Sparer die Verlierer sein, da Sparguthaben durch die Inflation weggefressen werden. Als Investor in Sachwerte (neben Immobilien z.B. Edelmetalle oder Firmenbeteiligungen) können Sie Zeiten hoher Inflation entspannt entgegensehen.

11

https://de.wikipedia.org/wiki/Deutsche_Inflation_1914_bis_1923#Die_Hyperinflation_des_Jahres_1923

Grund Nr. 7: weitere Steuervorteile

Neben der Abschreibung (Grund Nr. 5) werden Immobilieninvestments noch auf einige andere Arten steuerlich begünstigt.

Lassen Sie uns an dieser Stelle kurz überlegen, warum der Gesetzgeber ein Investment in Immobilien fördert und unterstützt. Die Antwort hier lautet ganz einfach, dass wir als Immobilieninvestoren unseren Kunden (Mietern) das Grundbedürfnis nach Schutz, Sicherheit und Unterkunft erfüllen. Dieses existentielle Bedürfnis ist sehr wichtig und der Staat selbst ist nicht in der Lage, dafür zu sorgen, dass für alle Einwohner ausreichend Wohnraum in der gewünschten Qualität zur Verfügung gestellt wird. Deshalb wünscht sich der Gesetzgeber, dass wir in Immobilien investieren und Wohnraum dort anbieten, wo er von den Menschen gebraucht wird. Dies kann der Staat unter anderem durch Steuern beeinflussen. Unerwünschtes und schädliches Verhalten (wie z.B. Nikotin- oder Alkoholkonsum) wird durch Steuern verteuert. Erwünschtes und für die Gemeinschaft wichtiges Verhalten wird durch Steuergesetze unterstützt. Dieses Phänomen können Sie nicht nur in Deutschland, sondern in den meisten westlichen Industrienationen beobachten. Meine Beispiele in diesem Ebook gelten aber nur für Deutschland.

An dieser Stelle möchte ich noch einmal darauf hinweisen, dass ich kein Steuerberater bin und keine steuerliche Beratung anbiete. Ich berichte lediglich von meinen eigenen Erfahrungen und das Lesen dieses EBooks ersetzt keine Beratung durch einen Steuerberater.

Steuerfreier Verkauf nach 10 Jahren

Wer eine Immobilie mindestens 10 Jahre im Privatbestand hält, der kann etwaige Verkaufsgewinne anschließend steuerfrei vereinnahmen.[12] Das Interesse des Gesetzgebers ist hier offensichtlich. Es sollen nicht kurzfristige Spekulationen und preistreibende Fix-and-Flip[13] Strategien gefördert werden,

---

[12] Vgl: § 23 Abs. 1 Nr. 1 Einkommenssteuergesetz

sondern das Kaufen und lange Halten von Immobilien (Buy-and-Hold).

Schauen wir uns unsere kleine 1-Zimmer-Wohnung an, die meine Frau und ich im Jahr 2012 für 25.000€ Kaufpreis (28.400€ inklusive Kaufnebenkosten) gekauft haben. Aktuell gehen wir von einem Marktpreis von 33.500€ aus. Wenn wir noch vier weitere Jahre warten, scheint eine Wertsteigerung auf 35.000€ bis 40.000€ durchaus realistisch. Ein Verkauf nach 10 Jahren könnte also runde 10.000€ Verkaufsgewinn ergeben - steuerfrei! 10.000€ in Bezug auf den Kaufpreis inklusive Nebenkosten entspricht einem Gewinn von 35%. Jetzt kommt aber noch der Hebeleffekt hinzu: eingebrachtes Eigenkapital im Jahr 2012 waren ja nur knapp 5.500€. Da sind 10.000€ steuerfreier Verkaufsgewinn doch schon satte 180% gemessen am Eigenkapital. Gleichzeitig hat uns diese Wohnung 10 Jahre lang jeden Monat einen positiven Cashflow eingebracht.

Wertsteigerungen (z.B. Renovierungskosten) sind steuerlich absetzbar

Erinnern Sie sich: direkt nach Kauf der Einzimmer-Wohnung haben wir eine neue Fenster/Balkontür-Einheit einbauen lassen. Kosten: 2.330€. Diese Modernisierung haben wir mit einer Modernisierungs-Mieterhöhung von 20€ monatlich verbunden und damit den Wert unserer Immobilie gesteigert. Erstens ist der Zustand der Einzimmer-Wohnung mit der modernen Fenster- und Türverglasung nun besser als vorher zum Kaufzeitpunkt. Zweitens konnte durch die mit der Modernisierung verbundene Mieterhöhung der Wert der Immobilie gesteigert werden. 20€ monatlich entspricht 240€ mehr Miete pro Jahr. Bei einem Einkaufsfaktor von 13 beträgt die Wertsteigerung der Wohnung (13x240€=3.120€).

Diese Modernisierungskosten konnten meine Frau und ich in unserer Steuererklärung als Kosten geltend machen. Dadurch reduzierte sich für dieses Jahr der zu versteuernde

---

[13] Kaufen, aufwerten (renovieren) und möglichst schnelles teureres Weiterverkaufen von Immobilien.

Betrag um 2.330€. Bei einer angenommenen Steuerlast von 35% konnten wir eine Steuerentlastung von 815,50€ verbuchen. Die Modernisierung kostete uns also nach Steuern nur noch 1.514,50€.

Unter dem Strich bleiben rund 1.500€ Kosten für eine Wertsteigerung von rund 3.000€. So macht modernisieren Spaß!!!

CHAPTER DREI

Drei Wege um in Immobilien zu investieren

Drei Wege zu investieren

Nachdem wir die sieben Gründe kennen gelernt haben, warum Immobilien als Investmentvehikel unschlagbar sind, geht es nun um die Frage, wie Sie als Leser in Immobilien investieren können. Hierfür stelle ich Ihnen drei Wege vor:

1) ich investiere in einen REIT (Real Estate Investment Trust). Dieser wird an der Börse gehandelt und investiert das Geldder Anleger in Immobilien. Ein REIT muss 90% seines Profits in Form von Dividende an die Anteilseigner ausschütten.

2) wenn ich gerne Vermieter sein möchte, allerdings ohne den ganzen Aufwand und Ärger, dann suche ich mir eine Firma, die einen Apartmentkomplex o.ä. baut und anschließend einzelne Wohnungen an Investoren verkauft. Die Firma übernimmt dann die Mietersuche, nötige Renovierungen und alles das, womit ich nichts zu tun haben möchte. Für diesen Service nimmt sie sich einen Teil meiner Rendite.

3) ich kaufe eine Immobilie und werde zum Vermieter- von der Miete zahle ich Zinsen und Tilgung für meinen Kredit und baue so Vermögen auf.

Möglichkeit 1, das Investment in einen REIT ist die einfachste Möglichkeit in Immobilien zu investieren. Nach der Lektüre des entsprechenden nächsten Kapitels können Sie sofort loslegen, sofern Sie schon ein Wertpapierdepot besitzen. REITs sind die einfachste und schnellste Methode in Immobilien zu investieren. Nachteile sind überschaubare Renditen, geringe Kontrolle und eine hohe Abhängigkeit vom Geschick anderer (im besten Fall von erfolgreichen Profis).

Möglichkeit 2, das Co-Investment mit einem erfahrenen Anbieter und wenig Aufwand für mich selbst, kann eine interessante Alternative für den sein, der nicht bloß in ein

Wertpapier investieren möchte, sondern in eine richtige Immobilie. Hier hängt alles davon ab, den richtigen Partner zu finden und nicht übers Ohr gehauen zu werden von so manchem Vertrieb, der Immobilien zu überhöhten Preisen an unerfahrene Investoren verkauft.

Möglichkeit 3, das selbst kaufen und als Vermieter aktiv werden, ist dann die Option, bei der alle sieben Vorteile maximal zum Tragen kommen und genutzt werden können. Damit verbunden ist hier die höchste Rendite möglich. Gleichzeitig erfordert diese Option aber auch den höchsten Zeiteinsatz und erfordert das höchste Maß an Wissen und "Investorenkompetenz".

Aber lesen Sie doch einfach selbst, wie die drei Möglichkeiten konkret aussehen und entscheiden Sie dann für sich selbst.

Real Estate Investment Trusts (REITs)

Wenn Sie keine Lust auf das Leben eines Vermieters haben und Sie vielleicht auch schon mal das eine oder andere Wertpapier gehandelt haben, dann könnte ein Investment in REITs das richtige für Sie sein.

REITs sind börsengehandelte Unternehmen, die in Immobilien oder in Immobilienkredite investieren. Dabei ist ein REIT ein Zwitter aus Wertpapier- und Immobilienanlage, der eine konstante Ausschüttung bietet. Das Konstrukt REIT wurde in den 1960er Jahren in den USA erfunden und sollte auf der einen Seite die Immobilienwirtschaft stärken, auf der anderen Seite Kleinanlegern die Möglichkeit zur Investition in einem regulierten Immobiliensegment bieten.

Unterschieden werden drei Arten von REITs. **Equity-REITs** investieren direkt in Immobilien. **Mortgage-REITs** investieren in Immobilienkredite und **Hybrid-REITs** investieren in beides.

Investiert werden kann in Wohnimmobilien, Agrarflächen und Wälder, Büro- oder Gewerbeimmobilien, in Krankenhäuser und Kindergärten oder in Stadien und Kinos. Dies hängt von der Strategie des jeweiligen REITs ab.

Da es REITs mittlerweile in über 40 Ländern weltweit gibt, gibt es natürlich regionale Unterschiede. Gemeinsam haben jedoch die meisten REITs die folgenden Merkmale:
- Nötig ist ein Mindestengagement im Immobiliensektor, z.b. gemessen im Immobilienanteil am gesamten Anlagevermögen.
- In den meisten Ländern müssen REITs 90% ihrer Erträge ausschütten in Form von Dividenden. Diese Ausschüttungen speisen sich zumeist aus den Mieteinnahmen und werden monatlich, quartalsweise oder jährlich ausgeschüttet.
- Daraus ergeben sich steuerliche Vorteile für den REIT, z.B. die Befreiung von der Körperschaftssteuer. Dies gilt in

Deutschland, Japan, Kanada, Australien, Singapur und den USA.

Zu den länderspezifischen Eigenheiten gehört z.B., dass deutsche REITs nicht in Wohnimmobilien investieren dürfen, US-amerikanische schon. In Deutschland darf ein REIT maximal 55% Fremdkapital aufnehmen, in den USA unbegrenzt.

Wer in REITs investieren möchte, dem stehen in den USA rund 200 REITs zur Auswahl mit einer Kapitalisierung von 500 Mrd. $. In Deutschland hingegen gibt es aktuell nur drei REITs mit einer Kapitalisierung von einer Mrd. €.

REITs bieten beim Investment in Immobilien einige Vorteile. So erlauben sie eine maximale Streuung in mehrere Immobilien. Anders als geschlossene Immobilienfonds ist die Preisbildung transparent und die Wertpapiere sind sehr gut handelbar. Schließlich entstehen nur geringe Transaktionskosten im Vergleich zum direkten Immobilienkauf, bei dem Notar- und Grundbuchkosten, Maklergebühr und Grunderwerbsteuer von locker 10% oder mehr entstehen. Durch die regelmäßigen Dividendenzahlungen bieten auch REITs Cashflow und sind damit für den einkommensorientierten Anleger interessant.

Für den Kleinanleger gibt es nun aber kaum Gründe in einzelne REITs direkt zu investieren. Mit einzelnen REITs holen Sie sich auch immer Einzelwertrisiken ins Portfolio. Stattdessen bietet sich ein Investment in ETFs (Exchange Traded Funds) an. Dies sind ebenfalls börsengehandelte Fonds, die in mehrere REITs investieren.

Der **SPDR Dow Jones Global Real Estate UCITS ETF** wird an deutschen Börsen gehandelt und investiert in REITs und Immobilienbetreibergesellschaften (Real Estate Operating Companies REOCs) in Industrie- und Schwellenländern weltweit. Die Anteile des Fonds werden in US-Dollar ausgegeben. Die Ausschüttung erfolgt quartalsweise. Über die Wertpapierkennnummer A1J3PB ist der Fonds an deutschen Börsen handelbar.

Wer vor einer Order an der New York Stock Exchange nicht zurückschreckt, der kann in den **Alpine Global Premier Properties Fund** investieren. Der Fonds wird unter dem Kürzel AWP gehandelt und investiert in über 100 unterschiedliche REITs weltweit.

Der **Global X SuperDividend REIT ETF** kann über das Kürzel SREIT an der NASDAQ gehandelt werden und investiert in die weltweit dreißig REITs mit der höchsten Dividendenrendite. Hiervon sind knapp die Hälfte Mortgage-REITs.

Wer es lieber deutsch und pur mag, der sollte sich sie **Hamborner REIT AG** (ISIN: DE0006013006) mal genauer ansehen. Dies ist ein deutscher REIT, der im Frühjahr 2018 eine Dividendenrendite von 4,72% auszahlt.

Eine Buchempfehlung zum Thema REITs gibt es von mir an dieser Stelle auch noch: In seinem Buch *Bargeld statt Buchgewinn* widmet der Autor Luis Pazos ein ganzes Kapitel dem Thema REITs. Auf seinem ebenfalls empfehlenswerten Finanzblog nurbaresistwahres.de bietet Luis Pazos außerdem kostenfreie Informationen rund um Hochdividendenwerte.

Rundum-sorglos-Immobilien

Nehmen wir einmal an, dass Sie nach der Lektüre dieses ebooks sich nun brennend für Immobilien interessieren und Immobilien ein wichtiger Baustein Ihres Vermögensaufbaus werden sollen. Gleichzeitig wollen Sie aber gar nicht viel Zeit und Energie in das Thema stecken und würden am liebsten alles von anderen machen lassen!?

Tipp Nr. 1: Lesen Sie sich tiefer in das Thema REIT ein und investieren hier Ihr liebes Geld. Dann geht Ihr Geld wenigstens in einen regulierten Markt, der Ihnen das einfache Investieren per Wertpapierkauf ermöglicht. Sie müssen bereit sein, auf einen großen Teil der Rendite zu verzichten, aber der langfristig orientierte Anleger kann hier seine 5-10% Rendite machen (wenn Sie es schaffen in turbulenten Zeiten einen kühlen Kopf zu bewahren und nicht alles mit Verlust verkaufen).

Tipp Nr. 2: Niemand kümmert sich so gut um Ihr Geld, wie Sie selbst! Wenn Sie also Angebote von Geschäftsleuten im Immobilienbereich bekommen, die Ihnen tolle Renditen und Steuervorteile versprechen und das alles ohne Ihre aktive Mitwirkung - Sie müssen lediglich x tausend Euro sofort und dann monatlich noch mal x Euro investieren - dann: VORSICHT!!! Trauen Sie niemandem blind und besuchen Sie erst einmal ein Seminar, in welchem Sie das A und O des Immobilieninvestments lernen. Mit diesem Wissen können Sie dann überprüfen und nachrechnen, ob Sie hier gerade hinters Licht geführt werden oder nicht.

Auch ich habe im Jahr 2017 in eine bzw. in vier Rundum-sorglos-Immobilien investiert.

Das sieht folgendermaßen aus: Das Land Rheinland-Pfalz hat in seiner Hauptstadt ein Grundstück zur Verfügung gestellt (Erbpacht). Auf diesem Grundstück in Mainz wurde ein Studentenwohnheim errichtet. Jedes Apartment hat ein eigenes Grundbuchblatt und ist damit Privateigentum. So lange die Wohnungseigentümergemeinschaft dieses Wohnheim über einen Betreiber zentral betreiben und verwalten lässt und so lange nur Studenten hier wohnen, die maximal die BafÖG-Wohnpauschale (in 2018: 250€) an Miete zahlen müssen, so lange erlässt das Land Rheinland-Pfalz die Zahlung der Erbpacht. Pro Studentenapartment erhält jeder Eigentümer aktuell (2018) 74,68 Euro an Mietertrag. Gleichzeitig wird jeden Monat eine Pauschale von 16,27€ in eine Mobiliar-/Instandhaltungsrücklage gezahlt. Gesamtertrag pro Apartment ist also 74,68 Euro + 16,27 Euro = 90,95 Euro.

Im Gegenzug übernimmt die Betreiberfirma den kompletten Betrieb des Studentenwohnheims inklusive Vermietung, Möblierung, Instandhaltung etc. Wenn man bei Immobilien von passivem Einkommen sprechen kann, dann bin ich mit meinen vier Apartments in diesem Studentenwohnheim schon recht nahe dran.

Mir werden also pro Monat 4 x 74,68 Euro = 298,72 Euro überwiesen, da ich vier dieser Apartments gekauft habe. Um nun zu beurteilen, ob es sich hierbei um eine lohnende Investition handelt, ist es entscheidend den Kaufpreis zu kennen. Ich habe 15.000 Euro je Apartment, insgesamt also 60.000 Euro an einen Privatverkäufer gezahlt. Mit Kaufnebenkosten (Grunderwerbsteuer und Notar/Grundbuchkosten) betrug mein Investment insgesamt ca. 64.000 Euro.

Die Nettomietrendite dieses Investments beträgt damit: (12x298,72 Euro) / 64.000 Euro = 5,6%

Für ein nahezu passives Investment nicht schlecht. Noch besser wird es, wenn Sie sehen, dass ich lediglich 4.000 Euro Eigenkapital und 60.000 Euro Fremdkapital (Laufzeit 15 Jahre, 2,35% Zinsen) reingesteckt habe.

Mein Plan mit diesen vier Apartments sieht wie folgt aus: von den ca. 298 Euro monatlich erhält die Bank 280 Euro. Damit beträgt die anfängliche Tilgung 3,25%. Damit gehen meine 5,6% Rendite also komplett an die Bank. Ich gehe noch einen Schritt weiter und plane eine jährliche Sondertilgung von ca. 1400 Euro (117 Euro monatlich). Damit ist das

Darlehen innerhalb der Zinsfestschreibung von 15 Jahren komplett getilgt.

Warum ich so etwas mache? Sondertilgung und in 15 Jahren alle Schulden zurückzahlen und dann jeden Monat auch noch Geld reinstecken!??? Negativer Cashflow von 117 Euro (vor Steuern) monatlich??? Was ist denn hier los?

Die Antwort ist ganz einfach, ist momentan drei Jahre alt und ist unsere Tochter Hannah. Für Hannah erhalten meine Frau und ich monatlich 194 Euro Kindergeld. Wir sind in der glücklichen Situation, auch ohne das Kindergeld unsere monatlichen Ausgaben zu bestreiten. Also legen wir 117 Euro der 194 Euro in diese vier Apartments an.

Wenn Hannah 18 wird, dann haben wir mithilfe eines Teil des Kindergeldes ihren ersten Immobilienstock aufgebaut. Sie wird dann Eigentümerin von vier Studentenapartments in Mainz sein, die ihr monatlich passives Einkommen liefern um z.B. einen Teil ihres Studiums oder ihrer Ausbildung zu finanzieren. Und der Marktwert der vier Immobilien wird in 2032 sicher weit über 60.000 Euro liegen.

Ohne mein Wissen rund um das Thema Immobilien hätte ich dieses Kindergeld-Investment-Modell für meine Tochter niemals kreieren und verhandeln können. Tun Sie so etwas bitte nur, wenn Sie die Zahlen des Investments beherrschen oder lassen Sie sich von jemandem beraten, das die Zahlen für Sie versteht und beherrscht. Diese Beratung ist dann ihr Geld wert!

Aktives Immobilien-Investment

Die höchste Rendite verspricht das aktive Immobilien-Investment - es erfordert aber auch das meiste Wissen und Zeiteinsatz. Bevor Sie loslegen können, sollten wir ein paar grundlegende Überlegungen anstellen:

1) **Cashflow und Wertsteigerung** sind die beiden wichtigsten Kriterien bei der Suche nach Immobilien-Investments. Halten Sie die Augen auf nach Gegenden, die aufsteigend und nachgefragt sind. Suchen Sie die Gegenden, in denen die Wertsteigerung von Immobilien wahrscheinlich größer sein wird, als im Durchschnitt. Achten Sie dabei nicht nur auf die reinen Wohngebiete, sondern achten Sie auch auf die wirtschaftliche Entwicklung der Gegend. Investieren große Firmen, wird neue Infrastruktur gebaut? Gibt es neue Bürogebäude oder ziehen neue Firmen in die Gegend? Dies könnten Hinweise sein, dass die Nachfrage an Wohnimmobilien in der Nähe steigen wird.

2) **Klein anfangen**: starten Sie mit einer Eigentumswohnung oder einem kleinen Mehrfamilienhaus. Sie werden Fehler machen und Sie werden mit jedem Fehler dazulernen. Deshalb machen Sie Ihre Anfängerfehler bei kleinen Immobilien, lernen Sie daraus und machen Sie anschließend größere Investments.

3) **Bleiben Sie in der Nähe**: fangen Sie dort an nach Immobilien zu suchen, wo Sie sich auskennen. Erkunden Sie interessante Wohngegenden, indem Sie dort spazieren gehen, beobachten Sie die Angebote auf dem Immobilienmarkt und sprechen Sie mit Menschen in Ihrem Markt.

4) **Cashflow**: Ihr Ziel ist ein positiver Cashflow vom ersten Tag an. Nehmen Sie sich die Zeit und überprüfen Sie jede angebotene Immobilie darauf, ob sie einen positiven Cashflow abwirft.

5) **Kaufen und halten**: Haben Sie Ihre Immobilie gekauft, dann halten Sie diese solange, wie sie positiven Cashflow abwirft ODER verkaufen Sie nach einer positiven

Wertsteigerung und nutzen Sie das Kapital um in eine Immobilie mit größerem Cashflow zu investieren.

Als Anfänger sollten Sie nach Wohnimmobilien suchen, die die oben genannten Kriterien erfüllen. Mit der Zeit und wachsender Erfahrung können dann natürlich andere Immobilienarten und größere Objekte dazukommen.

Wieviel Immobilie kann ich mir leisten?
Ihr Eigenkapital multipliziert mit 6 bis 10 ergibt ungefähr Ihr mögliches erstes Investment. Bei 10.000€ Eigenkapital und einer 100.000€ Immobilie (plus 10.000€ Nebenkosten) können Sie die Nebenkosten selbst tragen und finanzieren die Immobilie zu 100%. Ob dies möglich ist, hängt von Ihrer Einkommens- und Vermögenssituation ab - diese Frage sollten Sie mit Ihrer Hausbank oder einem Finanzierungsvermittler klären.

Wie renovierungsbedürftig darf meine erste Immobilie sein?
Dies hängt von Ihren persönlichen Fähigkeiten und Ihrem finanziellen Polster ab. Können Sie selbst einfache Renovierungsarbeiten wie tapezieren, Böden verlegen? Oder fehlt Ihnen vielleicht die Zeit und/oder das Geschick? Manchmal sind Immobilien, die nicht so schön aussehen, die besten Gelegenheiten - wenn der Preis stimmt! Beachten Sie auch das Alter der Immobilie - ältere Gebäude brauchen oft mehr Renovierungen als neuere.

Wie finanziere ich meine erste Immobilie?
Diese Frage sollten Sie sich früh genug stellen. Bringen Sie Ihre Finanzen auf Vordermann und nehmen Sie Kontakt mit Ihrer Bank auf. Ihre Bank kennt Ihren monatlichen Cashflow ganz gut und teilt Ihnen mit, wie weit sie zu finanzieren bereit ist.

Wie finde ich meine Such-Strategie?

Überlegen Sie sich, welche Kunden (Mieter) Sie in Zukunft mit sauberem, ansprechendem Wohnraum versorgen möchten. Studenten haben ganz andere Anforderungen an Wohnungen, Lage und die Nachbarschaft als eine Familie mit Kindern. Für Studenten suchen Sie nach Einzimmer-Wohnungen in zentraler, Uni-naher Gegend mit guter ÖPNV-Anbindung. Familien mit Kindern brauchen große Wohnungen (3+ Zimmer) in ruhigen, verkehrsarmen Lagen mit Kindergärten, Schulen, Einkaufsmöglichkeiten und guter Verkehrsanbindung.

Haben Sie sich für eine Kundengruppe entschieden, dann wissen Sie auch, wo diese Kundengruppe in Ihrer Stadt gerne wohnen möchte und welche Anforderungen die Wohnung erfüllen muss. Nun heißt es Schuhe anziehen und in der Gegend joggen, spazieren und die Augen offen halten. Wo gibt es ZU VERKAUFEN - Schilder? Welche Makler sind in Ihrer Gegend aktiv? Sprechen Sie mit Leuten auf der Straße und befragen Sie diese zur Nachbarschaft.

Als nächstes schauen Sie ins Internet und scannen die bekannten Immobilienportale wie immobilienscout24.de, immowelt.de und auch ebay-kleinanzeigen.de - verschaffen Sie sich einen Überblick über Preisspannen und Mietspiegel. Diese Recherche wird Ihnen helfen, Ihr Suchgebiet weiter einzugrenzen.

Haben Sie herausgefunden, welche Makler in Ihrem Suchgebiet besonders aktiv sind? Nehmen Sie Kontakt auf und sprechen Sie mit ihnen. Gute Makler wissen recht genau, wie das Angebot aussieht und können Ihnen eine Idee vom aktuellen Markt geben.

Nun kommt bald die erste **Immobilienbesichtigung** auf Sie zu. Lassen Sie sich vom Anbieter so viele Informationen wie möglich geben zum Mietverhältnis (falls vermietet): seit wann besteht der Mietvertrag, wie hoch ist die Kaltmiete, wie hoch die Nebenkosten, wie zuverlässig zahlt der Mieter und wann war die letzte Mieterhöhung? Fragen Sie nach der letzten Nebenkostenabrechung und finden Sie heraus, welche nicht umlegbaren Kosten auf den Vermieter zukommen. In den letzten drei Protokollen der Eigentümerversammlung finden Sie heraus, ob es größere Unstimmigkeiten innerhalb der Eigentümergemeinschaft oder anstehende große Sanierungen gibt.

Bei der Besichtigung selbst schauen Sie sich die Wohnung genau an. In welchem Zustand ist das Bad, die Wände, die Böden, die Küche, die Fenster etc. Machen Sie Fotos und stellen Sie Fragen.

Zu Hause berechnen Sie den Cashflow der Immobilie: Einnahmen (Nettokaltmiete) minus Bewirtschaftungskosten (Zinsen, nicht umlegbare Nebenkosten, Grundsteuer, Instandhaltungsrücklage, Rücklage für Leerstand, Rücklage für Reparaturen) = Cash Flow

Hiervon müssen dann noch Tilgung und Steuern bezahlt werden.

Dies klingt alles komplex und nach ein bisschen Arbeit. JA - Immobilieninvestments sind eine Art des aktiven Investments. Auf dem Büchermarkt gibt es eine Menge Bücher, die Ihnen insbesondere die Renditeberechnung und Finanzierung noch genauer erklären und berechnen helfen. Vielleicht brauchen Sie für Ihr erstes aktives Immobilien-Investment aber auch einen Berater, der mit Ihnen gemeinsam Ihre Berechnungen durchgeht.

Gerne unterstütze ich Sie bei Ihrer Suche. Besuchen Sie mich auf
www.derimmobeamte.de oder
www.facebook.com/DerImmoBeamte

www.ingramcontent.com/pod-product-compliance
Lightning Source LLC
Chambersburg PA
CBHW031514210526
45464CB00007B/2904